mars 1852.

CATALOGUE
D'UNE BELLE RÉUNION
D'OBJETS D'ART
HAUTE CURIOSITÉ
ET D'AMEUBLEMENT,

PORCELAINES D'ANCIEN SÈVRES, PATE TENDRE,

Porcelaines anciennes de Saxe, de Chine et du Japon, Service de table en porcelaine de vieux Saxe, beaux Bronzes, Pendules du temps de Louis XIV, Louis XV et Louis XVI, Candélabres, Lustres, Bras, Feux, Flambeaux, Bronzes anciens,

TRÈS BEAUX
MEUBLES EN MARQUETERIE DE BOULE,

Mosaïques de Florence, Bois rose et Bois d'ébène sculpté, richement garnis en bronze doré, Glace en Porcelaine de Saxe, Tapisseries anciennes, Objets divers de Curiosité,

DONT LA VENTE AUX ENCHÈRES PUBLIQUES AURA LIEU,

Après décès de M. MAX,
ancien marchand de Curiosités,

HOTEL DES VENTES MOBILIÈRES,
Grande salle n. 1,

RUE DES JEUNEURS, N° 42,

LES LUNDI 8, MARDI 9 ET MERCREDI 10 MARS 1852,
à midi.

Par le ministère de M⁰ RIDEL, Commissaire-Priseur,
333, rue Saint-Honoré,
Assisté de M. HENRY, Expert-Appréciateur, 28, rue de Navarin.

EXPOSITION PUBLIQUE
Le ~~~~~~~~~~ Dimanche 7 Mars 1852, de midi à quatre heures.

CE CATALOGUE SE DISTRIBUE :

A PARIS.   Chez M. RIDEL, Commissaire-Priseur, 333, rue Saint-Honoré.
A LONDRES.   Chez M. WEBB, 8, Old Bond street.

1852

Exemplaire de Beurdeley père.

CONDITIONS DE LA VENTE.

———◆◆———

Elle sera faite au comptant.
Les acquéreurs paieront, en sus des adjudications, cinq pour cent applicables aux frais de vente.

CATALOGUE

D'UNE BELLE RÉUNION

D'OBJETS D'ART

DE

HAUTE CURIOSITÉ

ET D'AMEUBLEMENT.

DÉSIGNATION SOMMAIRE

Porcelaines d'ancien Sèvres, pâte tendre.

1 — Deux belles soupières avec plateaux à oreillons, et avec couvercles en porcelaine de vieux Sèvres, pâte tendre, décors anciens, fond bleu turquoise, à cartels de fruits et oiseaux.
2 — Deux jolies Jardinières en porcelaine de Sèvres, pâte tendre, fond lilas, à œils de perdrix et à cartels paysages.
3 — Deux caisses à bouquets de forme carrée, fond vert, et à cartels d'amours.
4 — Quarante-deux caisses à bouquets, fond blanc à semis de fleurs et bouquets.
  Une verrière, fond blanc à semis de fleurs et bouquets.

Une glacière et sa cuvette, fond blanc à semis de fleurs et bouquets.

Un plateau ovale, fond blanc à semis de fleurs et bouquets.

Quatre compotiers carrés, fond blanc à semis de fleurs et bouquets.

Deux saladiers, fond blanc à semis de fleurs et bouquets.

5 — Quarante-six assiettes à feuilles de choux, porcelaine de vieux Sèvres, pâte tendre, fond blanc à bouquets.

6 — Six compotiers, id.   id. gaufrés.

7 — Soixante assiettes, id.   id.   id.

8 — Trente-trois assiettes en porcelaine de Sèvres, pâte tendre à festons et à bouquets.

9 — Vingt-sept assiettes de porcelaine de vieux Sèvres, fond blanc à grains d'orge.

10 — Un cabaret en porcelaine de Sèvres, pâte tendre, fond blanc à guirlandes et à bouquets, composé de : une théière, un sucrier, un pot à crème et dix-sept tasses avec soucoupes.

11 — Cinquante-deux assiettes en porcelaine de vieux Sèvres, pâte tendre, fond blanc à bouquets.

12 — Cinq saladiers à feuilles de choux, en porcelaine de Sèvres, pâte tendre.

13 — Deux plats ronds à festons et à bouquets.

14 — Un plat carré, décors à bouquets.

15 — Deux pots à crème en blanc.

16 — Trois beurriers, plateaux et couvercles, à bouquets.
17 — Quatre compotiers à coquilles, fond blanc, à bouquets.
18 — Une marronnière à plateau en porcelaine de Sèvres à jour.
19 — Quatre confituriers à trois compartiments.
20 — Un saladier, fond blanc à bouquets.
21 — Cinq tasses, un sucrier, un pot à crème et une théière, fond blanc à bouquets.
22 — Une théière, fond vert à guirlandes de fleurs.
23 — Six tasses, un sucrier, un pot à crème, forme cul de poule, fond blanc à bouquets.
24 — Une écuelle à anses cordées et son plateau, à semis d'or et de fleurs.
25 — Une écuelle, fond rose à cartels d'oiseaux.
26 — Une écuelle plus petite, fond rose à cartels d'oiseaux.
27 — Une écuelle, fond blanc, décors camaïeux bleus.
28 — Une écuelle, fond blanc à guirlandes de fleurs.
29 — Douze assiettes grand patron, et à festons blanc et or.
30 — Cinq compotiers, à festons, blanc et or.
31 — Deux seaux moyenne grandeur, à guirlandes.
32 — Deux salières à guirlandes.
33 — Un saladier à feuilles de chou.

34 — Un bol fond vert à cartels de fleurs.
35 — Une tasse, trembleur à rubans roses et bleus.
36 — Une tasse fond bleu, avec couvercle et soucoupe, à bouquets, fond gratté.
37 — Un plateau long, une tasse et un sucrier, fond blanc à rubans turquoises.
38 — Un pot à crême à trois pieds, à bouquets et guirlandes.
39 — Deux tasses à gaudrons, à bords bleus, feuilles vertes et à rubans.
40 — Une tasse, même genre.
41 — Une tasse cul de poule, fond bleu turquoise, à bouquets de fleurs.
42 — Une tasse cul de poule, fond turquoise et à cartels d'oiseaux.
43 — Une tasse litron, avec soucoupe, décors bleus à oiseaux et fleurs.
44 — Deux tasses litron et un sucrier à rubans et décors roses.
45 — Une tasse trembleur avec soucoupe et couvercle, fond blanc à médaillons de fleurs et attributs.
46 — Un bol, fond rose, à cartels d'oiseaux.
47 — Une tasse avec soucoupe, fond bleu turquoise, à cartels d'oiseaux.
48 — Une tasse litron et sa soucoupe, à œils de perdrix et à médaillons, sujets pastoraux.
49 — Une tasse, fond bleu de roi, à cartels camaïeux rouges.

50 — Une tasse, fond vert à médaillons, sujets d'après Boucher.
51 — Une tasse fond bleu grand feu, cartels d'oiseaux et d'amours.
52 — Une tasse pot de fleur avec soucoupe, fond bleu Vincennes à cartels d'oiseaux.
53 — Deux mortiers, fond blanc à bouquets de fleurs.
54 — Une tasse trembleur avec soucoupe en porcelaine de Sèvres, pâte tendre, fond rose, à cartels Amours et fleurs.
55 — Deux bols, fond bleu turquoise à guirlandes et à petits médaillons de fleurs et cartels d'Amours.
56 — Une tasse cul de poule, fond blanc, à œils de perdrix et attributs de musique.
57 — Une tasse à quadrilles bleu turquoise et à bouquets.

Porcelaines de Saxe.

58 — Un magnifique service de table, en porcelaine de vieux Saxe gaufré, à décors de fleurs et fruits et à filets dorés, composé de :
    Un surtout, formant corbeille, entouré de huit figurines, musiciens, sur socle en bronze, gravé et doré et découpé à jour.

Une paire de candelabres à trois lumières.
Deux paires de candelabres à deux lumières.
Deux grandes soupières avec couvercles et plateaux.
Deux soupières légumières avec couvercles et plateaux.
Neuf grands plats ronds de diverses grandeurs.
Deux plats ovales à oreillons.
Quatre petits plats d'entremets.
Vingt-quatre assiettes creuses.
Soixante-neuf assiettes plates.
Vingt-quatre assiettes de dessert à jours.
Seize compotiers, dont huit à anses.
Quatre compotiers coquilles.
Deux saucières.
Deux beurriers avec leurs couteaux à beurre.
Huit salières à figures.
Un moutardier.

59 — Vingt-quatre couteaux, manches en porcelaine de Saxe.
60 — Une glace avec bordure à figures, oiseaux et fleurs, en porcelaine de vieux Saxe.
61 — Une soupière, plateau et couvercle, avec fleurs et fruits en relief.
62 — Trois vases à couvercles en porcelaine de Saxe, fleurs et figures en relief.

63 — Un bol et une cafetière, fond blanc à cartels d'oiseaux.
64 — Une tasse cul de poule, anses cordées, et avec couvercles fond bleu.
65 — Un vase pot pourri à jours, avec figures et oiseaux en relief.
66 — Un vase à couvercle, avec ornements en relief.
67 — Deux figures, Albanais et Odalisque.
68 — Un vase pot pourri, avec ornements en relief.
69 — Trois paires de petites colonnes à fleurs en relief.
70 — Un groupe de deux figures, en porcelaine de vieux Saxe. Le Baiser.
71 — Un groupe de deux figures, en porcelaine de vieux Saxe. La Déclaration.
72 — Un groupe de deux figures, en porcelaine de vieux Saxe. La Conversation.
73 — Un groupe en porcelaine de Saxe. Bergère et ses moutons.
74 — Une paire de petits vases en porcelaine de Saxe, fleurs de Sèvres, monture en bronze doré.
75 — Un groupe de trois figures : l'Heureuse Famille, en porcelaine de vieux Saxe.

Porcelaine de Sèvres, de Saxe, de Chine et du Japon, montées en bronze.

76 — Une magnifique garniture de trois vases en porcelaine, pâte tendre, fond bleu de roi, à médaillons, sujets et attributs militaires, richement montés en bronze doré; les couvercles sont ornés d'une couronne à fleurs de lys en bronze doré.

77 — Deux vases, forme œuf, en porcelaine, fond bleu turquoise à cartels d'oiseaux, sur socles en bronze doré, anses formées par des enroulements de serpents, et supportant chacun un bouquet de lys mâles, formant candelabres à cinq lumières en bronze doré, style Louis XVI.

78 — Deux paires de coupes de porcelaine de Sèvres, pâte tendre, ancien décors, fond vert, richement montées en bronze doré à dauphins et dragons.

79 — Deux vases jardinières de porcelaine de vieux Sèvres, pâte tendre, fond blanc à guirlandes de fleurs, et au chiffre D. B., monture en bronze doré.

80 — Une jolie pendule, forme vase, en porcelaine gros bleu, riche monture à figures de petits tritons et à guirlandes en bronze doré.

81 — Une paire de vases en porcelaine, fond gros bleu, vermicellé d'or, à couvercles, richement montés en bronze doré.

82 — Une garniture de trois coupes en porcelaine de vieux Sèvres, fond rose, à médaillon d'oiseaux et Amours, monture style Louis XVI, à guirlandes de fruits en bronze finement ciselé et doré.

83 — Une paire de vases en porcelaine céladon pistache, à figures de mandarins, sur socles en bronze doré rocaille, supportant des branches de lys, formant candelabre à six lumières chacun, bronze doré rocaille.

84 — Une paire de vases céladon, fond vert pistache à décors, fleurs et oiseaux, sur socles en bronze doré rocaille.

85 — Une paire de très beaux vases, forme carrée, en porcelaine d'ancien Chine à mandarins, couvercles surmontés d'une chimère, monture en bronze doré rocaille.

86 — Un vase celadon fleuri, ancienne monture Louis XVI, en bronze doré.

87 — Une paire de Candelabres en bronze doré, style Louis XVI, à neuf lumières, sur colonnes en porcelaine fond bleu turquoise, avec cartels à guirlandes de fleurs et Amours.

88 — Deux paires de vases forme œuf en porcelaine fond bleu de roi, sur socles piédouche en bronze doré, anses formées par des

enroulements de serpents, supportant chacun un bouquet de lys mâles, formant candelabres à cinq lumières en bronze doré, style Louis XVI.

89 — Un très beau surtout composé de deux Plateaux et un Vase en porcelaine de vieux Sèvres pâte tendre, décor bleu turquoise, à cartels de fleurs, monture en bronze doré rocaille, Enfants et Tritons, et formant candelabre à neuf lumières.

90 — Une paire de jolies petites Jardinières en porcelaine de vieux Sèvres pâte tendre, fond bleu turquoise, cartels d'après Boucher, et contenant des bouquets de fleurs en porcelaine de vieux Sèvres, sur tiges en bronze doré.

91 — Une jolie Jardinière en porcelaine de vieux Sèvres pâte tendre, fond bleu grand feu, vermicellé d'or, à cartel sujet pastoral, richement montée en bronze doré à figures, style Louis XVI.

92 — Un joli petit plateau porcelaine de vieux Sèvres pâte tendre, fond vert et rose, à médaillons d'après Boucher, monture Louis XVI, en bronze doré.

93 — Une paire de Candelabres à six lumières, en bronze doré, style Louis XVI, sur socle en porcelaine dure de Sèvres, à colonnes cannelées.

94 — Deux Jardinières de forme ovale en porcelaine de vieux Sèvres pâte tendre, décor

bleu turquoise, avec médaillons d'Amours, fleurs et oiseaux, sur socles aussi en porcelaine de même qualité; monture en bronze doré, style Louis XVI.

95 — Une garniture de trois Vases forme potiche et à couvercles, en porcelaine de vieux Saxe, ornements en reliefs et montés en bronze doré. Le vase du milieu forme fontaine, et est posé sur un socle rocaille en bronze doré, et de chaque côté sont placés deux chiens en porcelaine de vieux Saxe. (Cet article pourra être divisé.)

96 — Un petit Vase en porcelaine de Sèvres, fond blanc, à deux médaillons, sujets divers, monture en bronze doré, style Louis XVI.

97 — Une garniture de trois Jardinières en porcelaine tendre, fond bleu turquoise, rehaussé d'or, monture rocaille en bronze doré.

98 — Deux petits Vases muguets en porcelaine, fond bleu turquoise, monture en bronze doré.

99 — Deux petites Girandoles de bureau à deux lumières en bronze doré, avec levrette en porcelaine.

100 — Trois groupes en porcelaine tendre, fond bleu turquoise, femmes couchées et sujet de chasse, sur socle en bronze doré rocaille.

101 — Un Encrier en porcelaine de Sèvres pâte tendre, fond vert, à couvercle, monture en bronze doré.

102 — Une paire de Flambeaux Louis XVI en porcelaine tendre et bronze doré au mat.

103 — Une paire de petites Girandoles Louis XVI, à enfants supportant deux lumières, en bronze doré.

104 — Une très belle Potiche porcelaine de Chine émaillée, avec couvercle, monture Louis XVI, en bronze.

105 — Deux grands Bols en porcelaine de Chine, monture trépieds à guirlandes et têtes de Satyres en bronze doré.

106 — Deux Soupières en porcelaine de Saxe, avec couvercles, monture en bronze doré rocaille.

107 — Un Bol en porcelaine du Japon, monture en bronze doré, style Louis XVI.

108 — Deux Pots-pourris en céladon fleuri, monture Louis XVI, bronze doré.

109 — Trois Vases en porcelaine de Sèvres pâte tendre, monture en bronze doré, style Louis XVI.

110 — Une petite écritoire-girandole en porcelaine de vieux Sèvres, monture en bronze doré.

Bronzes et Pendules.

111 — Deux magnifiques torchères en porcelaine céladon de Chine à chimères, montées en bronze doré à ceps de vigne, et à vingt-six lumières, sur pieds à figures et à rinceaux en bronze doré.

112 — Une grande et magnifique pendule à deux figures, homme et femme, d'après Michel Ange, en bronze doré rocaille, à frises, palmier et autres ornements aussi de bronze doré, mouvement de Julien Leroy, à Paris, hauteur 0,80 cent., largeur 0,90 cent.

113 — Deux beaux candelabres à dix lumières chacun en bronze doré rocaille, à figures de Génies, sur socles à sujets de chasses, en bronze doré.

114 — Une très jolie table de forme carrée, en bronze doré rocaille à mascarons et entrejambe garnie d'un vase de milieu; le dessus est composé d'une belle plaque en porcelaine de forme ovale, décor bleu turquoise à sujet d'après Watteau, et de quatre autres petites plaques en porcelaine décorée formant écoinçons.

115 — Une grande cassolette, de forme ovale, en bronze doré, avec couvercle surmonté d'un dragon.

116 — Deux beaux vases formant candelabres à neuf lumières, en bronze, style Louis XVI avec anses à serpents.
117 — Deux candelabres à sept lumières, en bronze doré rocaille.
118 — Une grande et belle pendule du temps de Louis XV, à jeu d'orgue, en bronze doré, garnie de fleurs en porcelaine de Sèvres, mouvement de Moisy.
119 — Une pendule en bronze doré rocaille, garnie de fleurs en porcelaine de Sèvres et de deux figures en porcelaine de Saxe, mouvement de Maupetit.
120 — Une pendule cartel avec socle, cul de lampe en marqueterie de cuivre et écaille, ornements en cuivre doré.
121 — Une pendule de Louis XV, en porcelaine pâte tendre, fond bleu turquoise à décor de fleurs, amours et oiseaux, monture en bronze doré.
121 bis — Une paire de candelabres Louis XVI, en bronze doré, à figures avec plaques en porcelaine pâte tendre.
122 — Une paire de petits candelabres à trois lumières, en bronze doré, style Louis XVI.
123 — Une jolie coupe en bronze doré, découpée à jours, sur socle rocaille en bronze doré.
124 — Un grand lustre, genre Boule, à douze lumières, en bronze doré à figures.

125 — Une paire de grands bras à dix lumières chacun et à figures en bronze doré rocaille.
126 — Deux lustres à figures et mascarons et à quinze lumières en bronze doré rocaille.
127 — Une jolie pendule au temps de Louis XVI, en bronze doré, forme carrée, surmontée d'un vase en porcelaine de Sèvres, pâte tendre, cadran tournant, monture en bronze doré.
128 — Une grande et belle pendule à deux figures allégoriques, style Louis XVI, en bronze doré.
129 — Un grand cartel Louis XV, en bronze doré rocaille, mouvement de Leroy.
130 — Un petit cartel Louis XV, en bronze doré.
131 — Un cartel, à tirage, en bronze doré à figures.
132 — Une pendule Louis XVI, en biscuit de Sèvres, à figures, sujet allégorique, ornements en bronze doré.
133 — Une petite pendule religieuse en marqueterie de cuivre et écaille, ornements en bronze doré.
134 — Une paire de petits candelabres Louis XVI, à quatre lumières chacun, à figures, sur socles, fûts de colonnes cannelés en bronze doré.
135 — Une paire de feux Louis XVI, à figures chinoises, en bronze doré.

136 — Une pendule, style Louis XV, en bronze doré rocaille.
137 — Une belle pendule ancienne à cinq figures en porcelaine de Chine, monture en bronze doré rocaille et à feuillages.
138 — Une paire de candelabres à quatre lumières chacun, en bronze doré rocaille, à dragons et à fruits.
139 — Une paire de candelabres girandoles, à trois lumières, en bronze doré rocaille du temps de Louis XV.
140 — Une paire de bras Louis XVI, à guirlandes et à trois lumières, en bronze doré.
141 — Une autre paire de bras à deux lumières en bronze doré rocaille.
142 — Plusieurs paires de flambeaux en bronze doré, styles Louis XIV, Louis XV et Louis XVI.

Meubles en marqueterie, mosaïque bois rose et autres.

143 — Un magnifique bureau à quatre faces et à cornets en marqueterie de cuivre et écaille, pieds de biche, à chutes, têtes de femmes, mascarons et ornements en bronze doré, dessus en velours rouge.
144 — Un joli bonheur du jour formant secrétaire à quatre ventaux, orné de sept plaques en porcelaine pâte tendre, déco-

rées de fleurs et sujets d'intérieur, avec garnitures en bronze doré et à dessus de marbre blanc.

145 — Une paire de meubles formant armoires en marqueterie sur bois rose, avec frises en palissandre, ornés chacun de quatre plaques en porcelaine pâte tendre, décors à sujets de fleurs, riches garnitures en bronze doré.

146 — Un joli guéridon composé d'un grand plat en ancienne porcelaine de Sèvres pâte tendre, décors bleu turquoise et fleurs, sur pied en bois rose, ornements en bronze doré, avec tablette d'entre-jambe composée d'un plateau en porcelaine de vieux Sèvres pâte tendre, décors bleu turquoise.

147 — Deux meubles à trois portes en marqueterie de cuivre et écaille, ornements et attributs en bronze, et à dessus de marbre de Dinan.

148 — Un grand et beau bureau Louis XV, à quatre faces, en marqueterie de cuivre et écaille, à pieds de biche, ornements en bronze doré.

149 — Deux très beaux coffres de mariage en marqueterie de cuivre et écaille, partie et contre partie, avec couronne et riches ornements en cuivre; chacun de ces coffres est posé sur une table aussi en marqueterie, pieds à consoles et entre-jambes

avec vase de milieu et garnitures en bronze doré.

150 — Deux jolies tables de jeu, de forme contournée en marqueterie sur bois rose et ébène, avec chutes et ornements en bronze doré.

151 — Une petite table à ouvrage en bois rose, de forme contournée, dessus en marqueterie, avec ornements en bronze doré.

152 — Une paire de meuble en mosaïque de Florence sur marbre noir, à pans coupés et à un ventail chacun, frises, chutes et ornements en bronze, et à dessus de marbre de Dinan.

153 — Une paire de beaux meubles à trois portes, en bois rose, garnis chacun de trois plaques en porcelaine pâte tendre, décors bleu turquoise à sujets, fleurs et fruits, avec riches garnitures en bronze doré, à figures de femme, frises à jours, également en bronze doré, et à dessus de marbre vert de mer.

154 — Un Beau meuble à deux ventaux en marqueterie de cuivre et écaille, orné de deux bas-reliefs en bronze doré, sujets allégoriques aux quatre éléments, chutes formant consoles, et riches garnitures en bronze doré, à dessus de marbre vert de mer.

155 — Deux petits meubles en marqueterie de cuivre et écaille, à un ventail à glace, orne-

ments en bronze doré, et à dessus de marbre vert de mer.

156 — Un meuble en marqueterie de cuivre et écaille, à un ventail à glace, garnitures en bronze doré, et à dessus de marbre vert de mer.

157 — Un joli bureau bonheur du jour, en marqueterie de cuivre et écaille, tablettes à dos d'âne, formant bibliothèque à deux ventaux pleins, riches garnitures en bronze doré et à dessus de marbre vert de mer.

158 — Un grand bureau Louis XV, à quatre faces, de forme contournée, en bois rose, frises en palissandre, avec garnitures en bronze.

159 — Un bureau à quatre faces et à tablier en marqueterie de cuivre et écaille, avec ornements en bronze doré.

160 — Un grand bureau plat du temps de Louis XV, en acajou, pieds et ornements en bronze.

161 — Une paire de gaines en marqueterie de cuivre et écaille à tabliers, ornements en bronze et à dessus de marbre de Dinan. (Hauteur 1 m. 36 c.)

162 — Deux jardinières en marqueterie de cuivre et écaille, ornements en bronze.

163 — Une grande table de milieu à tabliers, et à quatre faces, en marqueterie de bois de diverses couleurs, à pieds de biche, ornements en bronze doré.

164 — Une paire de meubles à hauteur d'appui, en bois rose, à pans coupés, à un ventail chacun, style Louis XVI, ornés de cinq plaques en porcelaine tendre, fond bleu turquoise et avec ornements en bronze doré.

165 — Une paire de meubles à hauteur d'appui, à pans coupés, et à un ventail chacun, en ébène sculpté, ornements en bronze, et à dessus de marbre noir.

166 — Une paire de meubles en marqueterie de cuivre et écaille, à trois ventaux pleins, ornements en cuivre, et à dessus de marbre noir.

167 — Un meuble de milieu et deux autres meubles pour encoignures, à hauteur d'appui, à pans coupés et à un ventail chacun, en bois noir, ornés chacun de trois plaques en porcelaine, pâte tendre, décor bleu turquoise, à médaillon de fleurs, ornements de bronze, et à dessus de marbre blanc.

168 — Un grand bureau Louis XVI en bois rose, pieds à gaînes, ornements en bronze.

169 — Un secrétaire médailler en marqueterie de bois et à poignées en cuivre.

170 — Une jolie petite table bureau en marqueterie sur bois rose, avec plaque en porcelaine de Saxe, à médaillon, sujet pastoral, et ornements en bronze doré.

171 — Une paire de gaînes à tabliers en marqueterie de cuivre et écaille, ornements en bronze. (Hauteur 1 m. 50 c.)
172 — Un bureau de forme contournée à quatre faces en marqueterie de cuivre et écaille, dessus plein, pieds de biche, et ornements en bronze.
173 — Un grand comptoir en bois de chêne sculpté représentant le jugement de Salomon.
174 — Une grande armoire à linge à deux ventaux pleins en bois de noyer sculpté.
175 — Un petit meuble circulaire en marqueterie sur bois satiné, à dessus de marbre albâtre oriental.
176 — Un joli petit meuble ancien en marqueterie d'ivoire sur palissandre, formant pupitre et petit corps de tiroirs.
177 — Quatre glaces dans leurs cadres dorés.

Objets divers de Curiosité.

178 — Un beau coffre en mosaïque de Florence, monture en bronze doré.
179 — Une grande mosaïque de Rome, le Vatican.
180 — Une figure en biscuit, Femme à la colombe.
181 — Un groupe de deux figures en biscuit, pastorale.
182 — Deux groupes, sujets d'après Boucher, en biscuit de Sèvres.

— 24 —

183 — Un bas-relief en marbre blanc, sujet allégorique, cadre en bois finement sculpté.
184 — Deux groupes en biscuit de Saxe, sujets d'après Boucher.
185 — Une écritoire en vieux laque du Japon, ornée de figures et de deux grenouilles en porcelaine de Chine chagrinée, monture ancienne en bronze doré.
186 — Un groupe en biscuit de Sèvres, pastorale.
187 — Un groupe en biscuit de Sèvres, la lanterne magique.
188 — Plusieurs tapisseries anciennes.
189 — Quelques soieries.
190 — Sous ce numéro seront compris les objets omis au présent catalogue.

Imprimerie et Lithographie Maulde et Renou, rue des Fossés-Saint-Germain-l'Auxerrois, 14.　2676

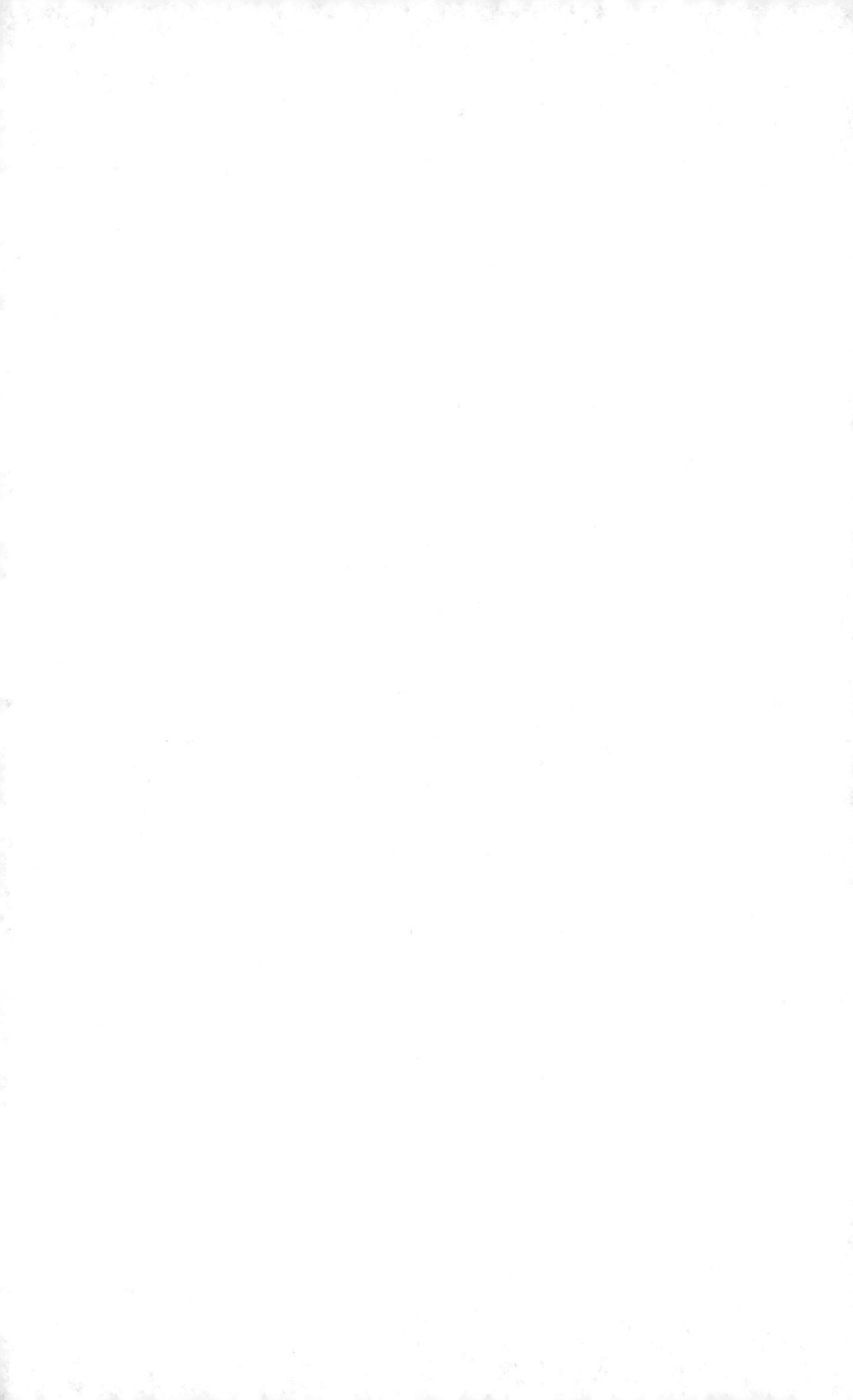

www.ingramcontent.com/pod-product-compliance
Lightning Source LLC
Chambersburg PA
CBHW030110230526
45471CB00003B/1350